Felicidades, Eddie

por Ricardo Oteiza
Ilustrado por Leanne Franson

MODERN CURRICULUM PRESS
Pearson Learning Group

Créditos

Diseño de Dorothea Fox

ISBN: 0-7652-3891-8

Printed in the United States of America

1 2 3 4 5 6 7 8 9 10   09 08 07 06 05 04 03

1-800-321-3106
www.pearsonlearning.com

CONTENIDO

Capítulo 1
Noticias de Eddie

Jody Martín y Ben Stubbs caminaban a casa de regreso de la escuela. Como vivían en la misma cuadra, casi siempre regresaban juntos. Doblaron la esquina de la Calle 3ra.

—¿A donde Eddie? —le preguntó Jody.

Ben asintió. Siempre quería ir a la Bodega de Eddie. Fue brincando los últimos pasos que le quedaban.

La Bodega de Eddie era una pequeña tienda de comestibles en el barrio de Quincy. El dueño era Eddie Rivera. Jody, Ben y muchos de sus amigos iban allí casi todos los días después de salir de la escuela.

A Jody y a Ben les gustaba comprar algo de comer en la Bodega de Eddie. Pero además, les gustaba ver a Eddie.

Eddie conocía a todos los chicos del barrio. Era muy buena persona. A veces Eddie les daba a los muchachos algo extra, "un regalito de la casa". A veces les contaba historias de hace mucho tiempo. ¡Hasta conocía a los padres de Jody desde niños!

Ben y Jody abrieron las puertas y entraron a la tienda.

—¡Hola Eddie! —le dijeron—. ¿Cómo está?

—Buenas tardes, muchachos, —les dijo Eddie—. De hecho, hay algo que *está* pasando. ¿Saben en qué mes estamos?

Los chicos negaron con la cabeza.

—¡El mes que viene la Bodega de Eddie cumplirá treinta años!

—¡Qué bien! —dijo Ben.

—Voy a hacer un letrero para ponerlo frente a la tienda —dijo Eddie—. ¿Por qué no pasan por aquí en unos días y me dan una mano?

—¡Claro que sí! —le contestó Jody—.
¡Nos encantaría ayudarlo!

Ben y Jody tomaron sus chucherías.
Sacaron el dinero para pagarlas.

—No se preocupen muchachos —les dijo
Eddie—, ¡va por cuenta mía!

Capítulo 2
La idea de Ben

Ben y Jody caminaron hasta la casa de Ben. Estaban sentados en los escalones de la entrada cuando Tina Pérez y Brad Ming se les acercaron.

—¿A que no saben qué? —dijo Ben—. El mes que viene es el aniversario de Eddie.

—Pensé que Eddie era soltero —dijo Tina.

—No ese tipo de aniversario —dijo Jody—. Es el aniversario de la Bodega de Eddie. Lleva treinta años de fundada.

—¡Vaya pues! —dijo Brad—. ¡Eso es mucho tiempo!

Ben le contó a Tina y a Brad sobre el letrero que Eddie iba a hacer. —Deben venir a ayudarnos también —le dijo a Tina y a Brad.

Entonces añadió, —Ojalá que pudiéramos hacer algo por el aniversario de Eddie.

—Sí —dijo Jody—. Eddie se pasa la vida ayudando a los demás.

—¡Eso es verdad! —dijo Brad—. Dona alimentos de su bodega a los pobres.

—Y les busca casa a los gatos y perros vagabundos —dijo Tina.

—¡Y nos regala cosas de comer! —añadió Ben, riéndose.

—Pero, ¿qué pudiéramos hacer? —preguntó Tina.

—¡Ya sé! —dijo Ben, levantando la mano—. ¡Podemos darle una fiesta a Eddie! ¡Una fiesta de aniversario!

Jody se puso la mano bajo el mentón, como hace cada vez que está pensando. Entonces sonrió. —¡Esa es una buenísima idea! —dijo.

—Seguro que mi mamá y mi papá van a querer ayudarnos —añadió Jody.

—Y los míos también,— dijo Tina.

—Mis padres van a querer participar en esto —agregó Brad.

Ben se dirigió a la puerta de su casa.

—¿Por qué no entran? Tenemos mucho trabajo que hacer.

Capítulo 3
Hagamos planes

Jody, Tina y Brad se sentaron a la mesa de la cocina. Ben le dio una hoja de papel y un lápiz a Jody. Ella empezó por escribir *Cosas que necesitamos.*

—Muy bien —dijo Jody—. ¿Qué nos hace falta para dar una fiesta?

—¡Yo sé!— dijo Ben—. ¡Comida!

Jody apuntó *Comida.* Entonces preguntó, —¿Dónde vamos a dar la fiesta?

—Mejor que apuntes eso también —dijo Tina. Ella no quería que se les olvidara nada.

Ben, Jody, Brad y Tina pensaron en otras cosas más. Jody apuntó todas ellas. Cuando terminaron, tenían hecha una lista.

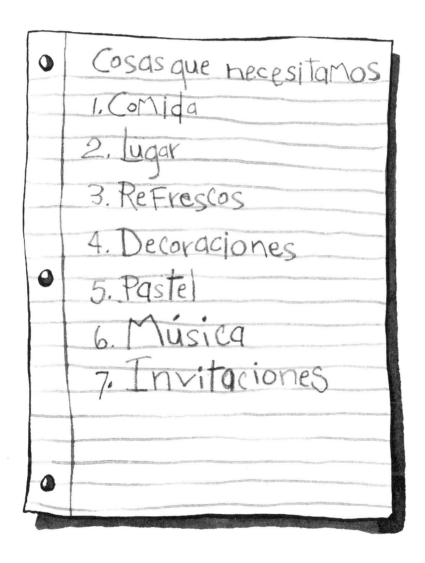

Cosas que necesitamos
1. Comida
2. lugar
3. Refrescos
4. Decoraciones
5. Pastel
6. Música
7. Invitaciones

El papá de Ben entró a la cocina. —¿Qué se traen entre manos? —les preguntó.

—¡Papá! —Ben le gritó—. ¡Mira esto!

—¡Hola, Sr. Stubbs! —dijeron los chicos.

Todos empezaron a hablar a la vez. Trataban de contarle al papá de Ben todo acerca del aniversario de Eddie.

—¡Despacio, niños! ¡Tómenlo con calma! —dijo el Sr. Stubbs, muerto de la risa—. Todo esto suena muy bien. Pero si todos hablan a la vez no podré entender lo que me están diciendo.

Ben tomó la lista y se la enseñó a su papá. Se turnaron entre ellos para convencerlo de su idea de darle una fiesta de aniversario a Eddie.

—¡Una fiesta es una gran idea! —dijo el Sr. Stubbs—. Me imagino que el barrio entero va a querer ir.

El Sr. Stubbs se sentó en la mesa con Ben, Jody, Brad y Tina. Miró la lista de arriba a abajo. Dijo que haría un pastel con la fachada de la Bodega de Eddie. Ben puso una marca al lado de la palabra *Pastel*. Su papá le dijo al grupo que no se olvidara de los platos y vasos de cartón y de los cuchillos, tenedores y cucharas de plástico, así como de las servilletas de papel.

—¿Qué más vamos a necesitar? —preguntó Tina.

—Vamos a ver —dijo el Sr. Stubbs.

Capítulo 4
Todos ayudamos

Poco después, Jody, Tina y Brad se fueron a sus casas. Todos querían contarles a sus familias de los planes para el aniversario de Eddie.

A la hora de la cena esa noche, Jody les contó a su mamá y a su papá de la fiesta. —Así es —dijo el Sr. Martín—. Eddie tiene esa bodega desde que yo era niño. Ya tengo 34, así que debe de ser treinta años.

—¿A quién debemos invitar a la fiesta?
—preguntó Jody—. Yo quiero invitar a la
gente que conoce a Eddie. No me quiero
olvidar de nadie.

El Sr. Martín tomó papel y lápiz y comenzó
a escribir. Entonces le dio la lista a Jody.
Tenía los nombres, direcciones y números
de teléfono de mucha gente.

—Aquí los tienes, Jody —le dijo—. Puedes
usar esta lista. Tiene los nombres de todos
los vecinos. ¡Invítalos a todos!

En ese preciso instante sonó el teléfono. Era Brad.

¿Qué les parece? —dijo Jody cuando colgó el teléfono—. Brad habló con su papá sobre la fiesta. El Sr. Ming dice que la podemos dar en el lugar donde Eddie y él practican en el coro del barrio. Deja que se enteren Ben y Tina.

Jody corrió al teléfono para ser la primera en llamar a Ben.

—¡Qué bueno! —dijo Ben cuando se enteró de las noticias—. Marca eso en la lista.

Jody sacó la lista. Puso una marca al lado de la palabra *Lugar*.

Al día siguiente, Ben y Jody no pasaron por la tienda de Eddie camino a casa de la escuela. Fueron directamente a casa de Ben y se sentaron en la escalera. Brad y Tina llegaron poco después. Unos cuantos chicos más se les unieron.

—¿Qué es esto que oímos de una fiesta? —preguntó Ricky García.

Ben y Jody les contaron todo.

Tina le mostró la lista a Ricky.

—¿Música? —dijo Ricky—. No hay problema. Yo sé que yo puedo conseguir que mi tío Juan toque en la fiesta. Él tocaba en una banda que ha viajado por todo el país.

—¡Fantástico! —dijo Tina. Entonces hizo una marca al lado de la palabra *Música*.

—Ahora tenemos que hacer algo acerca de las invitaciones —dijo Jody.

—¡Yo puedo hacer una en mi computadora! —saltó diciendo Brad.

Esa noche, el papá de Brad lo ayudó a hacer las invitaciones en la computadora. En el frente escribieron estas palabras.

¡VENGAN TODOS Y CADA UNO
DE USTEDES!
¡VENGAN A CELEBRAR!
¡CON UN AMIGO Y VECINO
QUE ES BUENO DE VERDAD!
¡VENGAN AL 30mo ANIVERSARIO
DE LA BODEGA DE EDDIE!
¡VENGAN TODOS A DESEARLE
TREINTA AÑOS MÁS!

Por dentro decía así:

¡ES UNA FIESTA DE SORPRESA!
PARA: Eddie Rivera
La Bodega de Eddie cumple
30 años de fundada
FECHA: sábado 16 de octubre
HORA: 6:00 p.m.
LUGAR: Salón Quincy
Responder a: Ben Stubbs al 555-1214
ó a Jody Martín al 555-6598
Por favor cuando nos llamen
digan lo que pueden traer.

Al día siguiente, Brad le mostró a Ben, Jody y Tina las invitaciones que habían hecho. Todos ayudaron a poner las direcciones en los sobres para enviarlas por correo. No podían esperar al 16 de octubre.

Capítulo 5
Mantenemos el secreto

Dos días más tarde, Ben, Jody, Brad y Tina fueron a la Bodega de Eddie al salir de la escuela. Eddie tenía un enorme pedazo de tela.

—¡Muchachos! —les dijo—. Hace días que estaban perdidos. ¿Les gustaría ayudarme a escribir las letras en el letrero?

—Claro que sí —le contestaron.

Eddie les dio delantales a todos. También les dio pinceles. Se pusieron a trabajar. Brad daba pinceladas grandes para llenar las letras. Jody trabajaba con más lentitud, para asegurarse de que la pintura no cayese fuera del borde de las letras.

—Esto va a estar muy bonito cuando lo ponga en la fachada de la bodega —dijo Eddie.

Los niños se rieron. Estaban pensando en la fiesta del mes que viene y trataron de no decir nada.

—¿Qué causa tanta risa? —preguntó Eddie.

—Pues... nada —dijo Jody—. Se trata de un chiste que nos contaron.

—Me gustaría oír el chiste —dijo Eddie. Le sonreía a los chicos.

—No me acuerdo por completo —dijo Jody rápidamente—. No soy buena para los chistes.

—Está bien —dijo Eddie, aunque parecía algo confundido.

Ben miró alrededor de la tienda. Quería cambiar de tema. Un retrato en la pared le llamó la atención.

—¿Quién es ése? —preguntó Ben.

Eddie se dio la vuelta para ver. —Ése es mi sobrino, se llama Carlos Ruiz —dijo Eddie—. Vive en Puerto Rico con mi hermana, Ana. Ana y su esposo tienen tres hijos. Los mayores tienen 18 y 21 años. Carlos es el bebé. Pero ya no es un nene ni mucho menos. Ya tiene 10 años.

¡Nuestra misma edad! —dijo Jody.

—Correcto —dijo Eddie—. Casi que no lo puedo creer. La última vez que vi a Carlitos era cuando tenía dos años. Ya ha de estar muy grande. Ana y yo nos escribimos y llamamos, pero no nos visitamos con frecuencia. Los extraño de verdad.

—Qué lástima —dijo Tina.

—¿Le gusta el béisbol? —preguntó Brad.

—¡Desde luego! —respondió Eddie—. A menudo hablamos de pelota por teléfono. Si pudieran venir llevaría a Carlitos a un juego.

Eddie se puso a mirar el retrato, pensativo. Entonces suspiró. —Algún día me gustaría ir a Puerto Rico para ver a Ana y a sus hijos.

Eddie regresó a trabajar en el letrero.
Los niños ayudaron por un rato más, pero
les costaba trabajo poder concentrarse.
Seguían pensando en la fiesta. A Ben por
poco se le escapa algo, pero controló su
lengua a tiempo. ¡Costaba trabajo mantener
el secreto para que Eddie no lo supiera!

Capítulo 6
Todo listo

Unos días más tarde, Ben y Brad estaban revisando los planes para la fiesta. Brad iba a pasarse la noche en casa de Ben.

El papá de Brad, el Sr. Ming, se iba a encargar de llevar a Eddie a la fiesta. Le iba a decir que esa noche iba a haber una práctica adicional del coro. Eddie no sospecharía nada.

La mamá de Tina compraría las decoraciones y los cubiertos de plástico, los platos y vasos de cartón y las servilletas y manteles de papel. Casi todo el mundo ya había llamado para decir que iban a la fiesta.

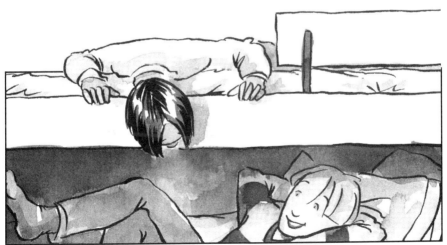

Mucha gente iba a traer comida y refrescos.
Todo marchaba a la perfección.

Pero Ben no estaba satisfecho.

—¿Qué te pasa? —le preguntó Brad.

—No sé —dijo Ben—. Pero me parece que
se nos ha olvidado algo.

Ben se puso a caminar por la habitación.
Entonces lanzó el balón a la cesta un par
de veces.

—¡Ya hemos revisado la lista de Jody cien veces! —le dijo Brad—. ¿Qué se nos pudiera haber olvidado?

De repente, Ben gritó —¡Ya sé! —dijo Ben—. ¡Un regalo! ¡Necesitamos darle un regalo a Eddie!

—¿Pero qué? —le preguntó Brad—. Eddie tiene de todo. Siempre anda diciendo eso.

—No sé —dijo Ben, pero se puso a pensar intensamente.

Más tarde, Ben todavía estaba pensando en qué regalarle a Eddie cuando su padre entró en la habitación.

—¿Qué pasa Ben? —le preguntó su papá.

—No tenemos un regalo para Eddie —le dijo Ben.

—La fiesta es más que suficiente —le contestó el papá.

—Lo sé —dijo Ben—. Pero, sería bueno darle algo especial a Eddie.

—¿Qué crees que podamos hacer? —se preguntaron los muchachos.

Capítulo 7
El regalo

Poco tiempo después, Ben y Jody pasaron por la Bodega de Eddie. Sólo faltaban dos semanas para la fiesta.

—¡Miren, muchachos! —dijo Eddie—. ¿No luce bien?

Eddie había puesto el letrero en la fachada del negocio. Lucía muy bien.

—Tenemos que llamar a Tina y a Brad para que vengan a verlo —dijo Jody.

Jody y Ben entraron a la tienda con Eddie.

—Y miren esto —dijo Eddie. Les mostró una foto de la bodega con el letrero en la fachada—. Se la voy a enviar a mi hermana, Ana. Qué lástima que ella no lo puede ver en persona.

Ben miró la foto. Entonces miró a Eddie. Podía darse cuenta de lo mucho que Eddie extrañaba a Ana. De repente, se le ocurrió una idea.

—¡No hay nada más que pensar! —le dijo Ben a Jody.

—¿De qué hablas? —le contestó Jody.

Ben no iba a responderle. En cambio, compró una merienda rápidamente. Le dijo a Eddie que se tenía que ir, que tenía mucha tarea que hacer. Casi tumbó a Jody al salir por la puerta. Jody y Eddie se miraron. Jody se dio cuenta de que él se preguntaba sobre qué se traería entre manos Ben.

—¡Ven, Jody! ¡Hasta luego, Eddie! —Ben le dijo antes de salir.

—¿Qué pasa? —le preguntó Jody afuera.

—Me puse a pensar si se nos había olvidado algo y me di cuenta de que no teníamos un regalo para Eddie —dijo Ben.

—Que buena idea, Ben —dijo Jody—, pero, ¿qué le podemos comprar que sea de verdad lo mejor?

—Brad y yo nos hemos estado haciendo esa pregunta —contestó Ben—. Pero ahora, cuando estábamos en la bodega, se me ocurrió el regalo perfecto.

¿Qué? —preguntó Jody.

—Tenemos que traer a la hermana de Eddie, Ana, y a su sobrino Carlos a la fiesta —le respondió Ben.

—Pero eso es imposible —dijo Jody—. Viven lejos, en Puerto Rico.

Ben se detuvo a pensar —Supongo que tienes razón —le dijo—. Pero sigue siendo una buena idea, ¿no crees?

—Claro que sí —le dijo Jody—. Es una gran idea.

Esa noche, Ben se puso a leer el periódico con su papá. Estaba pasando las hojas de deportes. En ese momento vio un anuncio grande con un avión.

—¡Mira! —dijo Ben—. ¡Mira esto! Por $199 podemos comprar dos boletos de ida y vuelta. Podemos comprar los boletos para que la hermana de Eddie y su sobrino puedan venir a la fiesta.

—¿De qué hablas? —dijo el padre de Ben.

Ben le contó a su padre sobre la hermana de Eddie y sobre cuánto Eddie la extrañaba a ella y a su sobrino, a quienes no había visto desde hace muchos años. Entonces le explicó a su papá su idea de traer a Ana y a Carlos a la fiesta de Eddie.

—¿Qué crees de esto, papá? —le preguntó Ben mientras le mostraba el anuncio en el periódico.

—Bueno hijo —dijo su papá—, vamos a ver. ¿Cuántas familias van a ir a la fiesta?

Ben sacó la lista de los nombres de las personas que lo habían llamado. También sacó la lista de las personas que habían llamado a Jody. Contó las personas que dijeron que sí.

—Veinte —dijo.

¿Qué pasaría si cada cual pusiera algo de dinero? —sugirió su papá.

Ben se dio cuenta de lo que su papá estaba diciendo. Calculó mentalmente. —Si los boletos salen en $200 y hay 20 familias, necesitamos $10 por familia.

—Exactamente —dijo su papá.

—Creo que lo podemos lograr —dijo Ben.

47

—Espera un momento —le dijo su papá—. Primero tienes que averiguar si Ana y su hijo pueden venir.

—¿Y cómo puedo hacer eso? —dijo Ben—. No tenemos su número de teléfono ni su dirección. Y no podemos preguntarle a Eddie. Si lo hacemos sabrá la sorpresa.

Ben y su papá trataron de buscar una solución.

—Tiene que haber ALGUNA manera de obtener ese número —dijo Ben mientras tocaba la mesa con los dedos.

—Bueno, pues deja de preocuparte —le dijo su papá—. La cena está lista.

Capítulo 8
El plan da resultado

Al día siguiente, Ben y Jody pasaron por la tienda de Eddie de regreso a casa de la escuela. Brad y Tina estaban con ellos. Ben les había hablado de su idea de comprar los boletos de avión. Juntos ya habían hecho un plan.

—¡Hola! —dijo Eddie—. Estoy muy ocupado. No sé que está pasando pero he vendido mucho esta semana. Víctor González me acaba de comprar 8 cajas de refrescos. Kim Hito acaba de pedir 12 bolsas de papitas. ¿Creen que me puedan ayudar a sacarlas de allá atrás, muchachos?

—Seguro —dijo Ben. Fue entonces que Ben le dio a Tina la señal.

Mientras que Ben, Brad y Jody estaban en el almacén con Eddie, Tina pasó tras el mostrador. Sabía que Eddie tenía su lista de teléfonos allí. Así fue, el número de Ana estaba allí. Apuntó rápidamente el número en una hoja de papel.

Más tarde, la madre de Tina llamó a la hermana de Eddie mientras que Brad, Jody y Ben trataban de mantenerse callados. La Sra. Pérez se presentó a Ana y le contó sobre la fiesta para celebrar el aniversario de la bodega.

—Sé que suena un poco loco —dijo la Sra. Pérez—, pero los chicos quieren mucho a Eddie. Quieren hacerle algo especial. Será un regalo de toda la barriada. Si compramos los boletos, ¿vendrán?

Tina estaba desesperada por saber lo que Ana había dicho. —¿Y? —le preguntó a su mamá cuando ella colgó el teléfono. Los demás se apretaron para escuchar.

—¡Ana dijo que sí! —contestó la Sra. Pérez.

Los cuatro chicos empezaron a saltar al mismo tiempo. El plan estaba funcionando bien. No podían esperar a ver la cara de Eddie cuando viera a Ana y a Carlos en la fiesta. ¡Esto sería una celebración de verdad!

Los muchachos no tenían tiempo que perder. Se pasaron los próximos cinco días recolectando dinero de sus familiares. También se dedicaron a reunir dinero ellos mismos.

Ben intercambió su colección de centavos y obtuvo $8. Jody y Tina recogieron botellas y ganaron $5 cada una. Brad repartió periódicos. Ellos les dieron el dinero a sus padres para comprar el regalo.

Al final de la semana ya tenían todo resuelto. Habían reunido $200. El sábado el Sr. Stubbs fue a una agencia de viajes a comprar los boletos. La agente hizo los arreglos para que Ana pudiese recoger los boletos en el aeropuerto de San Juan, Puerto Rico.

Cuando Ben y su papá regresaron a casa, el Sr. Stubbs llamó a Ana para que supiera los arreglos que se habían hecho.

—Los veremos el sábado 16 de octubre —dijo Ana Ruiz—. ¡Qué bueno va a ser ver a Eddie de nuevo. Carlos no se puede estar quieto de lo contento que está!

—Los esperamos con gran anticipación. Hasta la vista —dijo el Sr. Stubbs.

—Adiós —dijo Ana.

Capítulo 9
Por fin llegó el sábado

El sábado 16 de octubre se demoró mucho en llegar. Finalmente llegó ese día. Ben se despertó temprano. Saltó de la cama. No podía esperar. Iba a ir a recoger a Ana Ruiz y a su hijo Carlos en el aeropuerto.

El papá de Ben también se despertó temprano. Quería llegar a su panadería lo antes posible. Le tomaría toda la mañana hacer el pastel para la fiesta.

Cuando llegaron al aeropuerto, Ben, Tina y la Sra. Pérez fueron al pasillo por donde llegaban los pasajeros. Vieron el avión aterrizar. En unos minutos, los pasajeros salieron del avión. Tina vio a una mujer con un chico.

—¡Carlos! —gritó Tina.

—¡Sí! —dijo el muchacho. Carlos y su mamá se encaminaron hacia ellos y los saludaron.

—¡Hola! Soy Ana Ruiz y éste es mi hijo Carlos. Es maravilloso conocerlos —les dijo.

—Los reconocí por la foto —dijo Tina.

Mientras caminaban a recoger sus maletas, la Sra. Ruiz y la Sra. Pérez conversaban. Los niños se apresuraron a contarle a Carlos lo de la fiesta.

La Sra. Pérez llevó a la Sra. Ruiz y a Carlos a casa de Jody, donde pasaron el resto del día. Querían estar seguros de que Eddie no los fuera a ver hasta la hora de la fiesta. Ben y Jody jugaron juegos de vídeo con Carlos. Poco a poco pasó el tiempo.

Capítulo 10
¡Sorpresa!

A las 5 en punto salieron para el Salón Quincy. Tina y Brad ya estaban allí con sus familiares. Habían colocado las mesas y las sillas. Habían decorado el salón con globos. Hasta habían colocado un enorme letrero. Todo estaba muy bonito. Ricky García ya estaba allí también. Estaba practicando con el resto de la banda en el escenario.

—¡Miren esto! —exclamó la Sra. Ruiz—.
¿Han hecho todo esto por Eddie? Ya veo
porqué nunca se irá de Quincy para regresar
a Puerto Rico. Tiene amigos y vecinos
fabulosos, no me sorprende que no se vaya
de aquí.

Otras personas empezaron a llegar con
comida y refrescos. El Sr. Stubbs y el Sr.
Martín trajeron el pastel y lo pusieron en
la mesa. Jody y Ben presentaron a la
Sra. Ruiz y a Carlos.

Pronto eran las 6:15. Eddie llegaría en quince minutos con el Sr. Ming. La Sra. Ruiz y Carlos se fueron a otro salón para esperar.

Cuando Eddie entró por la puerta con el Sr. Ming todo el mundo gritó, —¡SORPRESA!

¿Que si estaba sorprendido? Se quedó paralizado por unos segundos. Entonces dio un vistazo a su alrededor. Le brotó una amplia sonrisa en el rostro. No podía creer que toda esta gente hubiese planeado esta fiesta para él.

—¡Espera! —gritaron Jody, Tina, Brad y Ben—. Eddie, ¡te tenemos una sorpresa mayor!

Jody y Ben salieron del salón. Todos se quedaron en silencio. Eddie no se podía imaginar lo que los muchachos le traerían en un instante.

Fue entonces que los vio trayendo a Ana y a Carlos. Estaba tan sorprendido que no los podía reconocer a primera vista.

Por fin Eddie gritó —¡Ana! ¡Carlitos! ¿Pero cómo es que han llegado hasta aquí? ¿Cómo se enteraron? —No sabía qué decir.

El Sr. Stubbs le contó todo a Eddie. Le dijo que Jody, Ben, Brad y Tina habían planeado toda la fiesta. Le contó cómo fue que los niños recolectaron el dinero y le enviaron los boletos a Ana y a Carlos.

Eddie se dio la vuelta y miró a los niños. Los ojos le brillaban. —Jody, Ben, Brad, Tina —dijo Eddie—. Esto es lo más grande que nadie haya hecho por mí. Ustedes cuatro —y todos ustedes— son los mejores amigos que nadie pudiera tener.

Jody, Ben, Brad y Tina se sintieron requetebién.

—Bien, Eddie —le dijeron—. ¡Ahora vamos a divertirnos!

GLOSARIO

agente empleado de una compañía que actúa a nombre de la compañía ante los clientes

aniversario fecha en que se celebra algo importante que tuvo lugar en ese día

bodega tienda de comestibles o abarrotes, supermercado pequeño

celebración evento que honra a alguien o a algo de manera especial

coro grupo de personas que cantan o dicen poemas al unísono

donar dar dinero o cosas sin cobrar

invitación nota escrita que pide a las personas que la reciben que vengan a un evento

regalo algo que se ofrece de forma voluntaria

sobrino el hijo de un hermano o hermana de una persona

sorpresa cosa que da motivo para que alguien se sorprenda